Irmela Brender

WAR MAL EIN LAMA IN ALABAMA

Allerhand Reime
und
Geschichten in Gedichten

Bilder von
Verena Ballhaus

Verlag Friedrich Oetinger · Hamburg

© Verlag Friedrich Oetinger, Hamburg 2001
Alle Rechte vorbehalten
Einband und farbige Illustrationen von Verena Ballhaus
Satz: Utesch GmbH, Hamburg
Reproduktion: Photolitho AG, Gossau
Druck und Bindung: Offizin Andersen Nexö Leipzig GmbH
Printed in Germany 2003
ISBN 3-7891-3132-6

www.oetinger.de

UM WAS ES HIER GEHT

MIT WÖRTERN SPIELEN – SELBER REIMEN 9
    Viechereien mit Vokalen 10
    Simsalabim … 12
    … und Abrakadabra 13
    Reimerei und … 14
    … Einerlei 15
    Fehlende Worte 16
    Ninas Wortsammlung 18
    Das tröstende Wort 19

LIMERICKS 21
    Altona 22
    Bingen 22
    Bremen 23
    Herne 23

QUATSCH UND TRATSCH 25
    Persönliche Fürwörter 26
    Beim Wort genommen 27
    Wie ein Gedicht entstehen kann 28
    Abzählreime 30

SPIELZEUG 33
    Der Kreisel 34
    Die Puppe 35
    Der Teddybär 36
    Der Ball 37

KARTENGRÜSSE	39
An den Papa	40
An die Mama	40
An die Oma	41
Flaschenpost	42
Der Kindertraum	44
Geschenke	45
VOR DEM EINSCHLAFEN	47
Der Bär hat Angst	48
Was tun, wenn's spukt?	50
Warum geht Tom gern schlafen?	53
Schlummerlied	55
VOM STREITEN	57
Streiterlei	58
Ein fremdes Kind kommt	60
Was ein Kind braucht	62
Von lahmen und infamen Namen	64
NACHBARN	67
Von Familie Quan	68
Herr Quan am Fluss	69
Frau Quan schreibt Briefe	70
Jan Quan als Clown	72
Aussprache	74

GESCHICHTEN IN GEDICHTEN	77
Mit mir nicht!	78
Schwer erkältet	79
Der verschleppte Regenwurm	82
Tante Gretes Salabande	84
Wolkenbilder	88
Kein Held	90
Wenn ich groß bin …	91
Benjamin und Melanie	92
Abschied	94

MIT WÖRTERN SPIELEN – SELBER REIMEN

Viechereien mit Vokalen

Vokale sind a, e, i, o, u.
Der Mund ist erst weit aufgesperrt, dann breit,
dann spitz, dann rund, am Ende beinah zu.

A

War mal ein Lama
in Alabama,
das wünschte sich dringend einen Pyjama
von seiner Mama.
Welch ein Drama!
In Yokohama
gibt's den Pyjama.
In Alabama
friert nachts das Lama.

E

Denkt euch: ein Reh
in einer Allee.
Es läuft durch den Schnee,
die Zehn tun ihm weh.
So eine unangenehme Idee!
Deshalb lieber weg mit dem Schnee
und dafür denkt ihr euch saftigen Klee.
Darin grast das Reh
und ist völlig o. k.

I

Kikiriki
kräht der Hahn in der Früh.
Die Lerche trillert tirili.
Der Kolibri
schafft das nie,
so wenig wie das liebe Vieh.

O

Ein Floh
im Stroh
wird dort nicht froh.
Obwohl es ohne Risiko,
wär er doch lieber anderswo:
auf Menschenhaut, am Arm, am Po –
dort sticht er dann, oh-oh!

U

Kam eine Kuh
zum Känguru
und sagte: »Muh!
Kennst du das Gnu?
Ich nicht. Und du?«
»Ich kenne nur den Kakadu,
den Vogel ohne Strumpf und Schuh,
und nun lass mich in Ruh!«

Simsalabim ...

... und Sumsalabum,
jetzt wandeln wir die Wörter um.
Vertauscht man a, e, i, o, u,
dann geht es wie beim Zaubern zu:

Die Hand wird zum Hund,
der Mond wird zum Mund,
der Riese zur Rose,
der Hase zur – –,
die Jacken jucken,
die Zacken – –,
die Großen grüßen,
die Nasen niesen,
Wappen wippen,
Kappen – –,
Nacken nicken,
Stecken – –,
Seifen saufen,
Reifen – –,
Spatz wird Spitz,
Katz wird – –,
und Nuss wird nass ...
das macht Spaß!

... und Abrakadabra

Buchstaben werden jetzt verdreht,
vertauscht, von hier nach da geweht:

Aus HERD wird DREH,
aus EKEL KLEE.
Der SCHAL wird LASCH,
die SCHAR wird RASCH,
aus TRAB wird BART,
der ARZT wird ZART.
Der STAB wird BAST,
wer STANK im KNAST?

Im GRAS ist der SARG verborgen,
das LEBEN im NEBEL macht Sorgen.
ELISE versteckt sich in LEISE,
der RIESE geht gern auf die REISE.
Die MADE aus EDAM wird DAME,
die HALME sind Rohstoff für LAHME,
die REHE bilden ein HEER,
die laublose ERLE ist LEER,
ein EMIL steckt im LEIM,
ein EMIR lauert im REIM.

Und schließlich, von vorn wie von hinten zu lesen
ist der Satz, der nicht meine Erfindung gewesen.
Ich sag euch, der stammt von einem Genie:
EIN NEGER MIT GAZELLE ZAGT IM REGEN NIE.

Reimerei und …

Reimt sich was, dann klingt es gleich –
zum Beispiel: reich und Scheich und weich.
Und als Reimelieferanten
braucht man jetzt die Konsonanten,
nämlich b, c, d, g, p
usw.
Die Vokale bleiben gleich –
siehe oben: reich und weich.

Ein Reim auf ein
müsst einfach sein.
Denn darauf reimt sich mein
         und dein
         und fein
         und kein
         und klein
         und rein
         und nein
         und Bein
         und Stein
         und Schwein
         und Schein
         und Rhein
         hinein
         allein
         Verein …
und all der kleine Kram auf -lein.
Jetzt muss da nur noch Sinn hinein:

... Einerlei

*und damit es nicht eintönig wird, machen wir
mal kurze, mal lange
Zeilen und Verse unterschiedlicher Länge.*

Ein Schwein,
noch klein,
ist ganz allein
am Rhein.

Es läuft dort einfach querfeldein
im schönsten Sommersonnenschein,
ist froh, ein freies Schwein zu sein
an diesem Tag am Rhein.

Da kommt ein Bauer,
sieht das Schwein
und fängt es ein.

»Dich steck ich in den Stall hinein!
Dort bist du nicht mehr so allein,
und bald bringst du im Schlachthof etwas ein.«

Los rennt das Schwein.
Er hinterdrein.
Er stolpert über einen Stein,
bricht sich ein Bein.

Jetzt ist es wieder frei, das Schwein
am Rhein.

Fehlende Worte

Wo Unkluge sind, muss es Kluge geben,
den Unschönen stellt man die Schönen daneben,
doch wie steht es mit Ungetüm?
Mit Unhold und mit ungestüm?

Ihr Gegenteil wird nie genannt,
ist deshalb völlig unbekannt,
obwohl es existieren muss:
Wo Minus ist, ist auch ein Plus.

Es gibt noch mehr von dieser Sorte –
logische, nicht vorhandene Worte,
von der Sprache unterschlagen.
Höchste Zeit, danach zu fragen.

Unerlöst im großen Schweigen
warten sie in *Rat* und *Flat*
auf Gelegenheit zu zeigen:
Wir sind da und sind auf Draht:

Ein *beholfenes Geheuer*,
wirsch, *gehobelt* und *ausstehlich*,
zieht *entwegt* in Abenteuer
und erkennt dabei allmählich:

Ach, ich leide so daran,
dass ich's nicht erzählen kann.
Jeder denkt an Lug und Trug,
dabei mache ich nur *Fug*.

Doch weil keiner das versteht,
glaubt man, dass es gar nicht geht.
Denn ist etwas unbeschreiblich,
gilt Verständnis als *ausbleiblich*.

(Wer das, was hier schräg geschrieben,
trotzdem für idiotisch hält,
setzt nur *un* vor diese Worte –
wetten, dass der Groschen fällt!)

Ninas Wortsammlung

Wunderbare Wörter gibt es,
und die kleine Nina liebt es,
immer neue aufzuspüren,
wenn es geht, zu buchstabieren,
sie in Hefte einzutragen
und sie vor sich hin zu sagen:

Alpenglühen, Perlenkette, Murmeltier
                        und Bücherwurm,
Schmuckschatulle, Katzenkisten, Glitzerkleid
                        und Hungerturm –
hinter allen stehen Bilder,
manche freundlich, andre wilder,
einige wie Zaubersprüche
aus der düstren Hexenküche.

Hat jemand Nina wehgetan,
dann spricht sie über ihn den Bann:

»Sieben schwarze Schwiemelschnecken
sollen dich im Schlaf erschrecken!
Dreizehn wirre Malefizen
dich mit Lebertran bespritzen!
Ein Gewissensbiss soll beißen
und ein Zipperlein soll reißen,
bis du Pommesfriedhof weißt,
was ein Fluch von Nina heißt!«

Das tröstende Wort

Mutter hat ein Wort gesprochen,
an das denk ich nun seit Wochen.
»Tut es dir beim Pinkeln weh«,
hat sie gesagt,
»hilft Bärentraubenblättertee.«

Tee von Blättern, die den Trauben
Bären nächtens heimlich rauben,
hilft dir nicht nur auf dem Klo,
so denk ich mir,
das Wort, das hilft dir sowieso.

Manche Wörter können stechen,
andere den Satz zerbrechen,
dass er ganz zusammenfällt
in Wörterstaub
und nicht mehr zum Gedanken hält.

Dieses Wort, das geht gelassen
durch die dichten Wörtermassen.
Bärentraubenblättertee …
hör dem mal nach.
Das hilft sogar bei Weißnichtweh.

LIMERICKS

Limericks

*In England hat man sie sich ausgedacht
und sie immer nur aus fünf Zeilen gemacht:
Die erste nennt stets am Schluss einen Ort,
die zweite und fünfte reimen sich auf das Wort.
Die dritte und vierte reimen sich auch,
so wie Rauch auf Brauch oder Lauch oder Bauch.
In der ersten und zweiten betont man je dreimal,
in der dritten und vierten aber nur zweimal
'ne Silbe; und in der fünften sind wie zu Beginn
wieder drei betonte Silben drin.*

Altona

Es war mal ein Junge aus Altona,
der stand am Meer und steht immer noch da.
Er schlug einfach Wurzeln
statt weiterzupurzeln,
sonst wär er längst in Amerika.

Bingen

Es war mal ein Mädchen aus Bingen,
das konnte erstaunlich laut singen.
Es sang hohe Töne,
nicht immer nur schöne –
das Kind wird es noch zu was bringen!

Bremen

Da gibt's einen Jungen in Bremen,
der kann sich nicht richtig benehmen.
Er bohrt in der Nase
und spuckt auf die Straße –
der Junge, der soll sich was schämen.

Herne

Kennt ihr den Thorsten aus Herne?
Der geht mit seiner Laterne
am Tag durch die Stadt.
Was er davon hat?
Ein helleres Licht als die Sterne!

Und weiter:
Wie wär's mit Emden (Hemden, Fremden)?
Oder mit Wien (schien, ziehn, fliehn, Spleen, Trampolin, Berlin)?
Oder mit Rügen (fügen, Vergnügen, Zügen, lügen)?

QUATSCH UND TRATSCH

Persönliche Fürwörter

Du bist der Kaka-du
und ich der Kaka-ich
und sie sind Kaka-ersiees,
das ist verwunderlich.

Kla-du, Kla-ich, Kla-wir,
wie passt das zum Getihr?
Und erst noch zum Gesind?
Sehr schwere Sprach, mein Kind!

Beim Wort genommen

Legen Papageien Papageier?
Und was treibt dabei denn die Mama?
Spucken Reiher wirklich wie die Reiher?
Hat ein Marabu auch einen Pa?

Hält der Dompfaff sonntags eine Predigt?
Trägt der Kragenbär auch einen Schlips?
Wird ein Regenwurm von Sonnenschein
beschädigt?
Braucht ein Vielfraß keine Schlankheitstipps?

Ist der Sultan Sohn von Sultaninen?
Fädelt man die Nadelbäume ein?
Wuchs ein Mandarin aus Mandarinen?
Ist es leicht, ein Leichtathlet zu sein?

Wie ein Gedicht entstehen kann

Am Anfang ist oft nichts als eine Zeile.
Zum Beispiel: Tage gibt's, da hat mich keiner lieb.
Und dabei bleibt es eine ganze Weile,
weil mir kein Reim gelingt, der passt auf lieb.
Dieb, Hieb, Sieb, Trieb, schrieb, rieb, blieb –
das klingt zwar gleich, doch sagt es nicht,
warum an solchen Tagen mir das Herz fast bricht.

Auf der Milch liegt Haut, die Socken rutschen,
der Vater brüllt, die Mutter zerft.
Dann Mathearbeit, fünfzig Liegestütze und
                                   ich bleib links liegen,
kein Mensch fragt nach, warum ich heul, was nervt.
Ein Laster spritzt mich voll, ich bin nicht eingeladen
zu Saras Fest und keiner ruft mich an.
Ich habe Pickel und mein Haar ist hässlich.
Fast seh ich ein, warum mich keiner leiden kann.

So geht das weiter, Stund um Stunde.
Der Tag ist endlos und er nagt und plagt,
stiehlt mir die guten Worte aus dem Munde
und dreht ins Böse, was ein andrer sagt –
ein echter Rattenbandwurmtag!

Da werf ich meine Zeile fort
und reime neu um dieses Wort:

Die Ratte und der Bandwurm,
die fühlten sich verkannt
und sannen fies auf Rache.
Der Wurm schlang fest sein Band
um die gemeine Ratte
und legte Ei auf Ei.
Die Ratte fraß sie alle auf
und schied sie aus als Brei.

Draus briet ein kalter Achtelmond
nach alter Nörglersage
die Rattenbandwurmtage.

Die kommen plötzlich über uns,
so heimlich wie ein Dieb,
und wer sie dann durchleben muss,
sagt: Keiner hat mich lieb!

Abzählreime

1, 2, 3,
heut ist hitzefrei.
Morgen mach ich blau,
so werd ich niemals schlau.

1, 2, 3, 4,
der Hering ist ein Wassertier.
Das Pferd lebt auf dem Land,
der Frosch am Wasserrand,
der Vogel in der Luft,
wer mogelt, ist ein Schuft.

1, 2, 3, 4, 5, 6, 7,
Brei, Spinat und rote Rüben
mag ich nicht, auch keinen Fisch.
Das kommt trotzdem auf den Tisch.

1, 2, 3,
faules Ei.
4, 5, 6,
blöde Hex.
7, 8, 9,
du musst sein.

Wer will sich verstecken
in Winkeln, hinter Ecken?
Alle? Pustekuchen!
Einer muss auch suchen.
Du bist dafür noch zu klein –
und du musst sein!

Eisbär, Elch und Elefant
gingen einmal Hand in Hand.
Jeder hinkt dabei
und du bist frei.

Nashorn, Nilpferd, Pavian,
morgens fängt die Schule an,
mittags ist sie aus
und du bist raus.

Mein Bruder, mein Bruder
sitzt immer am Computer.
Er geht nie aus dem Haus
und du bist raus.

Sahnetorte, Apfelkuchen,
einer muss die andern suchen.
Hasenbraten, Gänseklein –
du musst sein.

SPIELZEUG

Der Kreisel

Der Kreisel dreht sich um sich selbst
und dreht sich außerdem im Kreis,
verschwimmt dabei zu einem Fleck,
wie man vom Zuschaun weiß,
und summt
und brummt,
bis er eiert
und wankt
und wackelt
und schwankt.
Dann fällt er um
und ist
stumm.

Die Puppe

Die Puppe heißt Melinde
und hat weißblondes Haar.
Sie stammt aus fernem Lande,
wo sie Prinzessin war.
Das sieht man an den Augen,
am blau verträumten Blick.
Er schaut auf viele Jahre
in einem Schloss zurück.

Melinde isst und trinkt nicht,
sie sagt auch nicht Mama.
Sie liegt nur still im Wagen.
Doch sie ist immer da.

Der Teddybär

Der Teddybär, so weich und warm,
so gelblich braun und lieb,
hat einen lahmen linken Arm
von einem Katzenhieb.

Das Fell am Kopf und an der Brust
ist etwas abgeschabt.
Er tröstet gut bei Kinderfrust.
Dafür ist er begabt.

Zum Dank wird er dann fest gedrückt
und auch mal nass geheult.
Ein Ohr ist davon schief gerückt
und das Gesicht verbeult.

Er ist nicht schön, der Teddybär.
Doch kommt es darauf an?
Er zeigt, so wie er ist, wie sehr
man etwas mögen kann.

Der Ball

Rund
und bunt,
drall
und prall,
rollt der Ball
von Fall zu Fall
überall.

Ihn zu werfen mit Gefühl,
ihn zu fangen im Gewühl,
ihn zu kicken, vor, zurück,
und zu köpfen mit Geschick
verlangt Talent und manchmal Glück.

Beides kommt schon mit der Zeit.
Wirf erst mal hoch, kick erst mal weit
und schau ihm nach, wie schön er fliegt,
bis ihn die Schwerkraft doch besiegt
und er herunterfällt, der Ball,
von irgendwo im All.

KARTENGRÜSSE

An den Papa

Pa, ich schreibe dir aus Bern,
und das heißt: Ich bin dir fern.
Dabei hab ich dich so gern
wie sonst keinen andern Herrn.

An die Mama

Liebe Mama, hier auf Föhr
gibt es jede Menge Meer.
Aber du – du fehlst mir sehr.
Komm doch her.

An die Oma

*oder wer sonst einen Reisezuschuss
gegeben hat*

Oma, diese Fahrt ist klasse.
Und dank dir bin ich bei Kasse,
kann mir mal was extra gönnen,
lern dabei die Gegend kennen,
denk an dich und hab dich lieb –
tschüs, dein Enkel, der dir schrieb.

Flaschenpost

Ich schreibe von einer Insel,
auf der wir gestrandet sind:
mein Vater, der Bücherleser,
und ich, sein gelangweiltes Kind.
  Seitdem wir hier campen, liest er immerzu.
  Save our souls – and our bodies, too!

Wir haben ein Zelt und ein Bootchen,
doch ich krieg den Motor nicht an.
Mein Vater findet's romantisch.
Er ist ein Familientyrann.
  Er mag nicht viel reden, liebt seine Ruh.
  Save our souls – and our bodies, too!

Drum blieben die andern zu Hause.
Dort haben sie's trocken und nett,
beim Puzzeln und Fernsehn und Spielen
und Surfen im Internet.
  Sie essen Spagetti, Kaninchenragout.
  Save our souls – and our bodies, too!

Mein Vater versprach Abenteuer.
Zwei Robinsons wollten wir sein,
allabendlich Lagerfeuer
und Fuchsjagd im Mondenschein.
  Er sagte, das wird was, nur ich und du!
  Save our souls – and our bodies, too!

Das Überleben trainieren,
das war unser großes Programm.
Jetzt übe ich mich im Frieren.
Der Schlafsack ist immer so klamm,
    die Klamotten sind feucht, auch die Schuh.
    Save our souls – and our bodies, too!

Ringsum liegt der Bottnische Busen,
im Osten muss Finnland sein,
und auf dieser winzigen Insel
sind Vater und ich ganz allein.
    Super, sagt er nur dazu.
    Save our souls – and our bodies, too!

Wir haben nur all diese Bücher
und Wasser und Tee mitgebracht
und Dosensuppen und Müsli.
Es gab keinen Platz für mehr Fracht.
    Ich bin am Verhungern, kein Schmu!
    Save our souls – and our bodies, too!

PS: Wer das hier findet und sich
    auf den Weg macht, kommt zu spät –
wir fahren morgen ab, sagt mein Dad!

Der Kindertraum

Für ein sehr krankes Kind geschrieben

Auf einer Wolke mit rötlichem Saum
strickt ein Sonnenstrahl einen Kindertraum
aus leuchtenden Farben und Süße und Duft,
aus Wärme und Sanftheit und Frühlingsluft.

Im Muster des Traums wird davon erzählt,
wie Frau Holle sich einst mit Zwerg Nase vermählt;
wie ihr Kind, das Dornröschen, ein Jo-Jo erfand,
das immer zurücksprang in Froschkönigs Hand.

Das Rapunzel – im Traum! – hatte purpurnes Haar,
das für Rotkäppchen wie eine Stoppampel war
auf dem Weg zu dem Wolf, der mit Sterntalern zahlt
für die Bilder, die ihm sieben Geißlein gemalt,

während Hänsel und Gretel, Moby Dick,
                                  Hans im Glück
ins Schlaraffenland zogen – auch wieder zurück?
Niemand weiß es. Die Wolke wird dunkel am Saum,
die Sonne geht unter und aus ist der Traum.

Ein Kind träumt ihn jetzt und staunt morgen früh:
Es war wie ein Märchen, nur stimmte es nie,
und eine Figur passte gar nicht dazu.
Wer war das? Träum nach! Und vielleicht
                                  weißt das du.

Geschenke

Ich schenke dir
den Gedanken an einen Schmetterling,
aus der Wundertüte den Ring
und ein Lied, das ich dir morgen sing.

Du kriegst von mir
den Mittelteil aus einem Traum,
die Erinnerung an den Weihnachtsbaum
und ein bisschen Federkissenflaum.

Und noch dazu
von einer Wolke den goldenen Rand,
die Sehnsucht nach einem fernen Land
und das Geheimnis hinter der hohlen Wand.

VOR DEM EINSCHLAFEN

Der Bär hat Angst

Beim Abendessen bin ich so müde,
dass ich denke, gleich schlafe ich ein.
Ich gähne von einem Ohr zum andern,
kein Bissen geht mehr in mich hinein.
Am liebsten möcht ich sofort ins Bett.
Im Moment fänd ich das nett.

Doch vorher heißt es noch: Zähne putzen,
und dabei werde ich immer ganz wach.
Die Müdigkeit ist verflogen, verschwunden,
ist weg für Stunden. Jetzt liege ich flach
und denke mir Schäfchen und zähle sie.
Vor hundert schlafe ich nie.

Inzwischen fängt aber mein Bär an zu seufzen,
schlägt um sich und wälzt sich und ächzt und stöhnt.
»Gib Ruhe, mein Bär, sonst wach ich noch mehr auf,
ich hab mich schon beinah ans Dunkel gewöhnt.
Denk du dir auch Schäfchen und zähl sie mit mir.
Von vorne: eins, zwei, drei, vier ...«

Ich bin sehr geduldig und gebe mir Mühe,
der Bär aber will nicht, er fürchtet sich sehr
vor schwarzen Gestalten hinter dem Vorhang,
und unter dem Bett, sagt er, ist es nicht leer.
Eine Schlange schleicht, sagt er, zur Decke hinauf –
»Na schön, Bär, dann stehen wir auf.«

»Was ist denn?«, fragt Mama. »Du sollst doch
längst schlafen!«
»Ich will ja. Ich kann nicht. Der Bär macht Theater.
Er hat solche Angst vor Gespenstern und Schlangen,
die uns verschlingen, sagt er, nur ein Vater
und eine Mutter können uns retten –
bitte, lasst uns in eure Betten.«

Ich weiß nicht, ob meine Eltern verstehen:
Ich würde ja gern allein schlafen gehen.
Aber man muss auch rücksichtsvoll sein
und mein ängstlicher Bär ist noch klein.

Was tun, wenn's spukt?

Schorogron und Pifigri
spuken heute wie noch nie.
Kubuglu und Famabran
führen eine Bande an,
und die jagt jetzt durch die Nacht,
kommt zu jedem, der noch wacht.

Ob sie kleine Kinder klauen,
ob sie größere verhauen,
ob sie ärgern oder quälen
oder ob sie Spielzeug stehlen,
das weiß keiner so genau,
denn Gespenster sind sehr schlau.

Niemand findet eine Spur,
wie schon manches Kind erfuhr,
das am Morgen sich beklagt.
»Kannst du«, wird es dann gefragt,
»uns beweisen, dass was war?«
Kann es nicht, das ist doch klar.

Von Belegen und Beweisen
hält man nichts in Geisterkreisen.
Deshalb, Kinder, seid gescheit,
helft euch selber mit der Zeit.
Hier sind ein paar Tipps und Tricks,
damit geht es meist ganz fix:

Hört ihr, wie die Nachtgespenster
wispern draußen vor dem Fenster,
ruft ihr laut: »Kommt nur herein,
bitte sehr, ich lad euch ein.
Helft mir bei den Hausaufgaben,
muss sie morgen fertig haben.

Wie viel Geister sind's im Ganzen,
wenn drei auf dem Friedhof tanzen,
dreizehn reiten hoch zu Ross,
sieben spuken auf dem Schloss,
siebzehn brutzeln in der Küche,
dreißig machen Stinkgerüche?

Das war Mathe. Für Geschichte
fehlen mir noch die Berichte
über Geister, die's einst gab,
heute sind sie längst im Grab.
Kennt ihr einen Gruselstar,
der in unsrer Gegend war?«

Wetten: Schon mit solchen Fragen
lassen Geister sich verjagen.
Eine andere Methode
ist ein bisschen aus der Mode:
Ihr spukt selber bei Gefahr,
nur zum Schein, das ist ja klar.

Hört man draußen Geister stöhnen,
klagt man selbst in hohen Tönen:
»Oh, wie bin ich aufgeregt –
ich hab meinen Kopf verlegt!
Oder man hat ihn gestohlen!
Muss mir einen andern holen.

Schneematsch, Sumpf und Scheibenkleister!
Kommt, ihr Nacht- und Nebelgeister!
Wer zuerst im Zimmer steht,
muss nach altem Spukdekret
seinen Kopf mir überlassen,
sonst wird er zu nichts verblassen.«

Wetten, kein Gespenst kommt rein,
und ihr könnt beruhigt sein.
Letzter Rat: Die Horrormasche.
Schminkt euch grau mit Ruß und Asche.
Jeder Geist, der euch so sieht,
fürchtet sich enorm und flieht.

Allerdings habt ihr am Morgen
dann schon wieder neue Sorgen.
Jetzt erschrickt, wer euch geweckt,
euer Bettzeug ist verdreckt
und der Spiegel zeigt euch an,
wie sich der Mensch – in einer Nacht! –
        verändern kann.

Warum geht Tom gern schlafen?

Tom geht abends gern ins Bett.
Er stellt sich vor, es wär ein Boot
mit Segeln, blau und weiß und rot,
das durch die Nächte fährt,
Traummeere überquert.

Er denkt vorm Schlafengehn, er hätt
auch zwei Delfine, die sein Boot
dann ziehen, wenn die Flaute droht,
wenn nirgendwo ein Lüftchen weht,
das seine Segel bläht.

Ein Boot, das nachts die Welt durchfährt,
trägt seinen Kapitän im Nu
von Grönland auf Australien zu,
mit Zwischenstopp auf Martinique
und Mosambik.

Am Morgen wird zurückgekehrt,
denn Tom muss in die Schule gehn,
kann sich nicht nur die Welt besehn.
Doch nachts ist für ihn Fahrenszeit.
Am Tag wird er gescheit.

*Und die Antwort auf die Frage in der Überschrift
geben die jeweils ersten Zeilen der vier Strophen:*

Tom geht abends gern ins Bett.
Er denkt vorm Schlafengehn, er hätt
ein Boot, das nachts die Welt durchfährt.
Am Morgen wird zurückgekehrt.

Schlummerlied

Jetzt mach ich die Augen zu.
Endlich hab ich meine Ruh.
Kann mir etwas träumen,
statt ständig aufzuräumen,
aufzupassen, Acht zu geben,
zuzuhören, anzustreben,
hinzulangen, loszulaufen,
mitzuhelfen, einzukaufen –
auf und hin und mit und zu,
jetzt hab ich meine Ruh.

VOM STREITEN

Streiterlei

A, B, C,
ich hau dich, das tut weh,
ich kneif dich, bis du Tränen kriegst,
und tret dich, bis du unten liegst,
dann mach ich kille-kille
und dann bist du ganz stille.

Es regnet, es regnet,
ich lache mich krumm,
der Patrick, der schielt
und der Jonas ist dumm.

»Meins ist besser, meins ist größer,
ich bin schlauer, ich bin böser,
meine Lippen sind viel röter« –
und im Tod ist er dann töter.

»Ferkel!«, schimpft Mama die Bine.
»Weißt du, was das heißt, du Trine?«
»Sicher«, sagt die Bine schlau.
»Ferkel ist das Kind der Sau.«

Ein fremdes Kind kommt

*und hat, das ist leicht zu erkennen,
bald einen anderen Rhythmus*

Ich und du –
Fenster zu,
Läden dicht,
ich trau dir nicht!

Du und ich –
kennst du mich?
Niemand weiß
hier, wie ich heiß.

Ich und du –
gib nur Ruh!
Nett und lieb
tut jeder Dieb.

Du und ich –
lächerlich,
dieser Streit!
Schad um die Zeit.

Lieber möcht ich von dir wissen,
wer du bist, was du gern machst,
warum du glaubst, mir drohn zu müssen,
wie du aussiehst, wenn du lachst.

Und ich möchte dir gern sagen,
wie es mir zumute ist,
möchte mich mit dir vertragen
ohne jede Hinterlist.

Denn es gibt doch bessre Sachen,
die man unternehmen kann,
als sich blöde anzumachen.
Komm, wir fangen noch mal an.

Kannst du auf den Händen gehen?
Nein? Ich auch nicht. Schade drum.
Umgekehrt die Welt zu sehen
wäre manchmal gar nicht dumm.

Ach, ich möchte lieber fliegen
wie der Spatz am Himmel dort,
über Nacht zwei Flügel kriegen,
und am Morgen wär ich fort.

So erzählen wir Geschichten,
was man sich so träumt als Kind.
Was gibt's weiter zu berichten?
Dass wir schon fast Freunde sind.

Was ein Kind braucht

Ein Kind braucht seine Ruhe,
die Kleider und die Schuhe,
die Mahlzeit und den Raum,
Wiese, Wasser, Baum.

Ein Kind braucht gute Schulen
und auch mal Schlamm zum Suhlen
und oft ein gutes Wort
und Freunde hier und dort.

Ein Kind braucht sehr viel Freude
und gute Nachbarsleute,
Lust auf den nächsten Tag
und jemand, der es mag.

UND …

Orte zum Träumen braucht ein Kind,
Orte, die voller Geheimnisse sind.
Wo keiner stört,
wo man nichts hört
bis auf das Rascheln der Blätter im Wind.

UND …

Gebt uns Bücher, gebt uns Flügel,
die uns in die Ferne tragen,
die uns nie Gehörtes sagen,
die uns trösten, wenn wir klagen,
die uns helfen, was zu wagen,
die uns lehren, neu zu fragen.

Von lahmen und infamen Namen

Ein Mädchen namens Lena Schmidt
hat neulich sich beklagt:
»Zu viele heißen so wie ich.«
Das hat ihr nicht behagt.

Und David Müller, Ines Maier,
Boris Schulz und Patrick Kraus
meinen auch: »Mit solchen Namen
kommt ein Mensch doch nie groß raus.«

Andre Leute haben Kummer,
weil ihr Name sonderbar
und selten, aber komisch ist.
Auch damit kommt man oft nicht klar.

Als Junge hat Tom Noppensitz
auch manches Mal gestöhnt:
»Mann, dieser Name ist ein Witz!«
Er hat sich dran gewöhnt.

Denn als Friseur verzeichnet er
die sonderbarsten Namen
in seinem Kundenvormerkbuch
für Herren und für Damen.

Herr Kuhbauch und Frau Wundenprotz
zum Waschen, Schneiden, Föhnen,
Frau Lüllwitz-Schmätzle, Frau Maus-Fuchs –
oh, Namen gibt's zum Stöhnen!

Herr Dockenwadel, Herr Belz-Bebber
kommen zum Rasieren,
Frau Bierdümpfli, Frau Hassdenteufel
lassen maniküren.

Tom Noppensitz schreibt alles auf,
verzieht nie das Gesicht.
Er weiß: Den Namen kriegt man mit,
die Auswahl hat man nicht.

Schon Will Shakespeare, großer Dichter,
der von Menschen viel verstand,
wusste, dass mit einem Namen
selten sich ein Sinn verband.

»Wenn die Rose anders hieße,
wär ihr Duft genauso süß«,
schrieb er vor vierhundert Jahren,
und er meinte ebendies:

Nichts als Schall und Rauch sind Namen.
Was ihr könnt und wer ihr seid,
das hängt nicht damit zusammen.
Deshalb: weder Neid – noch Leid.

NACHBARN

Von Familie Quan

Familie Quan
von nebenan
besteht aus Vater, Mutter, Jan.
Sie kamen eines Morgens an
im schwer beladenen Caravan
und unsere Freundschaft begann.

Herr Quan ist Hausmann, kocht, kauft ein,
hält Wohnung und die Wäsche rein,
sorgt allerbestens für den Magen
und löst dabei sehr schwere Fragen.

Frau Quan verdient inzwischen Geld,
indem sie Seminare hält,
Computerspezialisten lehrt,
wie man sich gegen Viren wehrt.

Jan Quan will mal zum Zirkus gehn.
Er übt, lang auf dem Kopf zu stehn
und mit den Füßen zu jonglieren,
den Hund als Sänger zu dressieren.

Ich gehe immer, wenn ich kann,
hinüber zur Familie Quan.
Sie sehn die Welt so anders an,
dass man erkennt: Da ist was dran.

Herr Quan am Fluss

Herr Quan geht spazieren am Fluss.
Allein, weil er nachdenken muss:
Warum fliegt die Amsel, wieso schwimmt der Aal?
Sie machen das immer und nicht nur manchmal
wie Gänse und Enten. Die wechseln nach Lust.
Sind deshalb die Amseln und Aale voll Frust?

Herr Quan ist besorgt und wird erst wieder froh,
als er sich sagt: Vielleicht wollen sie's so.
Wer das, was er macht, so gut kann,
ist zufrieden, vermutet Herr Quan.
Auch er fühlt sich jetzt unbeschwert:
Schon wieder ein Rätsel geklärt!

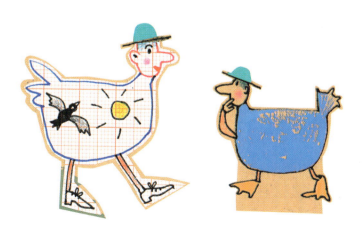

Frau Quan schreibt Briefe

Frau Quan ist fit in EDV.
Sie kennt das Internet genau,
kann surfen, chatten, Mailbox leeren,
per Fax mit aller Welt verkehren.
Geschäftlich nutzt sie den PC,
denn das ist schließlich ihr Metier.

Doch wenn es um Privates geht,
dann hält sie nichts von dem Gerät.
Dann schreibt sie Briefe mit der Hand.
Die werden mit der Post versandt
und treffen sehr viel später ein,
doch, sagt sie, so viel Zeit muss sein.

Ihre beste Freundin Kitty
lebt weit weg in Kansas City
und Frau Quan schreibt häufig ihr
mit lila Tinte auf Papier,
das sie mit Comicstrips verziert,
mit bunten Stickern dekoriert.

In Kittys Briefen klebt am Rand,
was Kitty am Missouri fand:
gepresste Blumen oder Pflanzen,
über denen Mücken tanzen,
die Kitty hingezeichnet hat
als Gruß aus ihrer Kansasstadt.

Frau Quan hat solche Briefe gern.
»Hier kommt ins Haus, was sonst so fern.
Ich kann es riechen und berühren,
kann die Missouripflanzen spüren,
und Freundin Kitty ist mir nah,
als wäre sie tatsächlich da.«

Natürlich braucht der Briefverkehr
mehr Zeit und fällt drum manchem schwer.
»Ich spare Zeit«, sagt sich Frau Quan,
»damit ich sie genießen kann.
Und Briefe schreiben, Briefe kriegen
ist eines meiner Topvergnügen.«

Jan Quan als Clown

Jan, der künftige Artist,
glaubt, dass der im Vorteil ist,
der von vielem was versteht,
erst recht, wenn er zum Zirkus geht.

Zurzeit übt sich der Jan als Clown:
ganz weiß geschminkt, mit Augenbraun
wie Vogelflügel, breitem Mund
und Augen, riesengroß und rund.

Er hat karierte Hosen an,
die schlottern um den dünnen Jan
und sind so lang, dass er drauf tritt.
Er stolpert bei fast jedem Schritt.

Der Hut rutscht ihm bis auf die Nase,
Jan sieht nichts, fegt drum eine Vase
vom Tisch, dann knallt er an die Tür.
Das muss so sein, erklärt er mir.

»Wenn Clowns so dumme Sachen machen,
dann nur, damit die Leute lachen.
Das Publikum liebt's nun mal so,
es lacht gern und ist schadenfroh.«

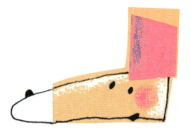

Das Publikum, das bin jetzt ich,
doch ich versage jämmerlich,
weil ich erschrecke, wenn sich Jan
nicht auf den Beinen halten kann.

Oh Mann, schon wieder fällt er hin.
Er blutet jetzt an Knie und Kinn,
doch er steigt trotzdem auf den Hocker,
macht einen Kopfstand und sagt locker:

»Ich zeige jetzt den Aufwärtsschwung
zur Lampe, dann den Todessprung
mit Salto rückwärts zur Kommode
nach bester Zirkusclownmethode.«

Jan schwingt hinauf, die Lampe kracht
herunter, was mir Sorgen macht,
denn Jan, so gänzlich ohne Halt,
ist auf den Glasschrank draufgeknallt.

Jan fällt, der Schrank fällt auch, es klirrt,
mir ist ganz flau, ich bin verwirrt,
jetzt kommt auch noch Frau Quan nach Haus –
ich glaub, die Vorstellung ist aus.

Ich versuche zu erklären,
doch Frau Quan will gar nichts hören.
Sie sagt streng, ich soll jetzt gehen,
sie will mich nie wieder sehen.

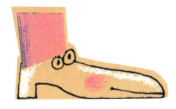

Aussprache

*Das heißt: Jeder sagt, was er denkt,
und wie jedes zweite Reimwort heißt,
sollt ihr euch ausdenken*

»Nie wieder« dauert vierzehn Tage.
Dann besprechen wir die – –.

Jan sagt, es tut ihm schrecklich Leid,
er braucht noch etwas – – –.

Frau Quan sagt: »Kinder müssen toben.
Aber lasst die Lampe – –.«

Herr Quan sagt: »Mich beschäftigt sehr:
Warum, wozu, womit und –.«

Jan erklärt: »Bei Scherben, Schmerzen
lacht das Publikum von – –.

Ein Clown macht jeden Trick verkehrt.
Das nennt man – – – – –.«

Am Ende werde ich gefragt,
wie mir das Zirkusspiel – –.

»Ich mag es lieber, mitzumachen,
als über andere zu – –.

Als Publikum bin ich zu klein.
Ich möchte lieber Löwe –.«

Herr Quan sagt: »Sieh mal an. So, so.
Morgen gehn wir in den –.

Dann seht ihr, ob euch gefällt,
wie ein Löwe sich – –.«

Jan sagt, fein, er will probieren,
einen Löwen zu – – –.

Seine Mutter, die Frau Quan,
hört sich das zufrieden –.

Im Glasschrank fehlen zwar zwei Scheiben,
doch wir können Freunde – –.

GESCHICHTEN IN GEDICHTEN

Mit mir nicht!

Am Weg durch den Park steht ein blaues Schild
und darauf, in Weiß gemalt, ist ein Bild
von einem Kind an der Hand einer Frau,
von hinten gemalt, das sieht man genau.

Neulich im Park spricht ein fremder Mann
mich vor diesem Schild ganz plötzlich an.
»Komm, Kleine. Auf diesem Schild kannst du sehen,
dass Kinder hier nur mit Erwachsenen gehen.«

»Von wegen! Das Schild zeigt den Fußweg an.
Und mit Ihnen gehen? Ich denke nicht dran.
Dort drüben, da warten die Eltern auf mich.«
Er schaut in die Richtung und weg bin ich.

Kann sein, er hatte nichts Böses im Sinn.
Kann sein, dass ich zu misstrauisch bin.
Aber wenn einer so mit mir spricht,
dann zeig ich ihm deutlich: Nein, mit mir nicht!

Schwer erkältet

Husten, Schnupfen, Ohrenweh,
Gliederschmerzen bis zum Zeh.

Rote Nebel im Gehirn,
Haare kleben an der Stirn.

Honigbrot? Mich würgt's im Hals!
Heiße Milch? Das keinesfalls!

Meinetwegen, noch ein Schal.
Mir ist alles egal, mir ist alles egal.

Fiebermessen. Muss das sein?
Bitte. Achtunddreißig neun.

Mir ist kalt. Nein, mir ist heiß.
Gebt mir Decken. Oder Eis.

Walkman, Fernsehn, was zu lesen?
Auch schon witziger gewesen.

Ich leide, mir bleibt keine Wahl.
Mir ist alles egal, mir ist alles egal.

Nein, Besuche will ich nicht,
bloß niemand, der von draußen spricht.

Der Pulsschlag hämmert mir im Ohr
und alles kommt mir trostlos vor.

Inhalieren, Saft, Tabletten,
das hilft gar nichts, wolln wir wetten?

Hustentropfen ohne Zahl –
mir ist alles egal, mir ist alles egal.

Ich vergrab mich in den Kissen.
Doch dann will ich endlich wissen:

Was ist das für eine Grippe?
(Wobei ich auf ostindisch tippe.)

Aber es ist offenbar
nur ein fiebriger Katarrh.

Jetzt kann ich nicht länger liegen.
Das ist ja zum Pickelkriegen!

Eine Woche krank im Bett
ist zur Abwechslung ganz nett.

Aber jetzt ist Schluss damit,
ich hab's satt, bin wieder fit.

Siebenunddreißig sieben nur –
kaum erhöhte Temperatur.

Noch drei Tage krankgeschrieben,
so lang wird zu Haus geblieben.

Danach, wiederhergestellt,
fühle ich mich wie ein Held.

Fieber, Schmerzen sind besiegt,
haben mich nicht kleingekriegt.

Ein Ka – hatschi! – tarrh, was ist das schon,
bei meiner Kondi- und Konstitution!

Der verschleppte Regenwurm

Ein Regenwurm
auf einem Turm
in Schnee und Sturm
ist klar am falschen Ort.
Er wäre lieber dort,
wo er als Boden Erde hat
und nicht nur Stein, so kalt und glatt.

Das wurmt den Wurm.
Er türmt vom Turm
und stürmt im Sturm
hinunter und hinaus –
beinah wär's mit ihm aus,
denn rundum liegt nichts als ein See,
bedeckt mit Eis und Schnee.

Das Los des Wurms
am Fuß des Turms
zur Zeit des Sturms
ist unermesslich schwer.
Jedoch – wie kam er her?
Vielleicht hat er trotz allem Glück
und kommt so auch zurück?

Er kam im Schnabel einer Meise,
die hatte ihn gepickt als Speise
und ließ ihn fallen, dummerweise,
beim Heimflug durch den Sturm.
Drum saß der Wurm
auf diesem Turm.

Jetzt wartet er, der arme Wurm,
immer noch in Schnee und Sturm
auf stets demselben kalten Turm
für den zweiten Teil der Reise
auf die nächste Meise.

Tante Gretes Salabande

Unsere Lieblingstante Grete
ist, sagt sie selber, etepetete.
Alles muss bei ihr stets fein,
zierlich und sehr sauber sein.

Elegant ist ihre Katze:
weiß bis auf die schwarze Tatze,
schlank, geschmeidig und sehr schlau,
Augen dunkelgrünblaugrau.

Grete nennt sie Salabande
und ist jederzeit im Stande,
das Gespräch auf sie zu bringen,
stundenlang ihr Lob zu singen:

Wie sie schreitet
und sich streckt,
wie sie gleitet
und sich leckt,
wie sie um die Ecke schleicht
und um Tantes Beine streicht,
wie sie schmale Augen macht
und mit breitem Mäulchen lacht,
wie sie vor Behagen schnurrt,
manchmal murrt
und an der Sofadecke zurrt.

»Salabande macht, was sie will«,
sagt Tante Grete und dann ist sie still.
Denn bei diesem Satz fällt ihr ein:
Neulich fand sie Salabande gemein.

Die Tante hatte zum Frühstück gedeckt,
da wurde sie plötzlich aufgeschreckt:
Ein Quietschen und Huschen und Kratzen
 und Schaben
hinderte sie, sich am Müsli zu laben.

Das klingt ja gerade wie eine Maus,
dachte Grete und lachte sich selber aus.
In ihre Wohnung, so reinlich und fein,
kam so ein Tier doch bestimmt nicht herein.

Doch dann erstarrte die Tante vor Schreck:
Da war eine Maus – und war gleich wieder weg,
weil Salabande sie jagte und fing.
Ein Glück, jetzt war sie es los, dieses Ding.

Noch nicht. Salabande sprang schnell und gewandt
auf den Tisch und warf die Maus elegant
in die Müslischüssel von Tante Grete.
Das Müsli spritzte bis an die Tapete.

Die Maus war tot. Die Tante schrie.
So fassungslos war sie noch nie.
Was tun – mit Maus, mit Salabande?
Ach, unsere arme Lieblingstante!

Dann warf sie die Maus in den Biomüll.
Salabande macht, was sie will,
sagte sie sich und beäugte nervös
ihre Katze; sie fand sie plötzlich sehr bös.

Wir schenkten ihr als Trostversuch
ein kluges, dickes Katzenbuch.
Darin hat sie es nachgelesen:
Die Maus war ein Geschenk gewesen!

Denn Katzen, selbst die Salabande,
sind gezähmte Raubtierverwandte.
Auch wenn sie Dosenfutter fressen,
sind sie noch aufs Jagen versessen.

Ihre Beute ist ihnen viel wert,
drum wird sie zuweilen den Liebsten verehrt.
Zwar ohne Band und Geschenkpapier,
doch als Liebesbeweis – von mir zu dir.

Tante Grete sah's schließlich ein:
Salabande war nicht gemein.
Die Elegante gehorchte nur
ihrer Katzennatur.

Wolkenbilder

Jennifer und Florian
schauen sich die Wolken an.
Dauernd ändert sich das Bild,
das da aus dem Himmel quillt:

Zuckerwatte, Sahneeis
wogen luftig cremig weiß.
Grauer Rauch ballt sich am Rand
zur enormen Rächerhand.

Riesen schlagen eine Schlacht
gegen eine Geistermacht,
die beim Angriff rasch verweht
und in zartem Dunst vergeht.

Florian, der Pflanzen liebt,
sieht, dass es da Engel gibt.
Rund, in wallendem Gewand
knien sie vor der Wolkenwand.

»Ob, wenn hier die Blumen welken,
dort die Engel Wolken melken?
Und ob aus den Wolkenkühen
manchmal Schnee und Hagel sprühen?«

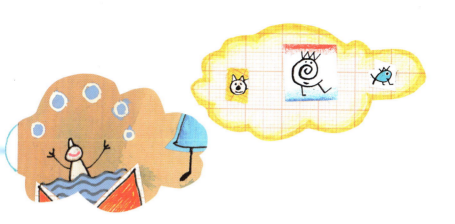

Er hat Jennifer gefragt.
Sie denkt nach, bevor sie sagt:
»Kann schon sein. Ich seh dort drüben
Elefanten Weitsprung üben.

Einer ist jetzt hingefallen
und zerschmilzt in lauter Quallen,
wie sie sonst in Meeren treiben.
Gar nicht einfach zu beschreiben.«

Florian sieht keine Quallen,
sieht nur Wasserfälle fallen
und dazwischen Krokodile,
ganz vertieft in wilde Spiele.

»Alles ändert sich im Nu –
ich seh dies, und das siehst du.
Aber es ist wunderschön,
in den Wolken fernzusehn.«

Kein Held

Ich bin doch kein Held!
Was stellt ihr euch denn vor?
Ihr schickt mich ins Spiel,
ausgerechnet ins Tor –
und der Ball flutscht immer an mir vorbei,
wo ich auch steh. Null zu zwei, null zu drei.

Ich bin doch kein Held!
Was habt ihr euch gedacht?
Habt mich zum Sprecher
von euch allen gemacht
und ich stammle, bringe kein Wort heraus –
der Beitrag unserer Klasse fällt aus.

Ich bin doch kein Held!
Lasst mich lieber in Ruh.
Ich bin gern dabei
und ich schaue gern zu.
Doch so ein Typ für das Scheinwerferlicht
bin ich nicht, bin ich nicht, bin ich nicht.

Wenn ich groß bin …

Vielleicht bin ich dann Ingenieur,
bau einen Tunnel unterm Meer,
in dem man nach Sardinien fährt,
vom Fährverkehr ganz unbeschwert.

Vielleicht bin ich dann Astronaut,
hab mich im Weltraum umgeschaut
und transportiere dann zum Mond
das Team, das künftig auf ihm wohnt.

Vielleicht bin ich auch ein Erfinder
von Schnellsprungstiefeln nur für Kinder,
mit denen sie in ein paar Sätzen
von einem Ort zum andern wetzen.

Und ich? Ich bin dann Präsidentin
von ganz Europa, die Regentin,
die eure Arbeit klug bewacht,
damit ihr keine Dummheit macht.

Benjamin und Melanie

Nie sah man sie ohne ihn –
Melanie mit Benjamin.
Wo er war, da war auch sie –
Benjamin mit Melanie.

Auf dem Spielplatz bauten sie
eine Ritterburg aus Sand,
die noch eine Woche stand –
Benjamin und Melanie.

Beim Laternenlaufen schien
ihre Lampe, die zu zweit
sie gebastelt, hell und weit –
Melanie und Benjamin.

In der Schule kam es nie
vor, dass eines sitzen blieb
oder schlechte Noten schrieb –
Benjamin und Melanie.

Sie war voller Disziplin,
er half, wenn sie nicht begriff,
kannte manchen Schülerkniff –
Melanie und Benjamin.

Dann passiert, was oft geschieht –
Melanies Familie zieht
mit der Tochter nach Berlin.
Niemand fragt nach Benjamin.

Außer Melanie. Sie schwört,
dass sie wiederkommt. Er hört
das, doch er glaubt nicht dran,
dass sie es auch schaffen kann.

Melanie denkt in Berlin
ziemlich oft an Benjamin.
Benjamin denkt oft an sie,
an die ferne Melanie.

Und dann? Noch ist alles drin
für Melanie und Benjamin.

Abschied

Du hast gesagt, wir müssen Abschied nehmen.
Du bist bald tot und ich soll mich nicht grämen.
Was heißt, nicht grämen?, hab ich dich gefragt.
Das heißt, nicht traurig sein, hast du gesagt.

In deinem Alter ist man satt vom Leben,
hast du gesagt, mir einen Kuss gegeben
und aufgetragen, in den Park zu gehen,
dort, wo die Buchen um den Weiher stehen.

Dort sind wir in den Ferien oft gewesen.
Du hast mir was erzählt, was vorgelesen,
und manchmal haben wir auch nur geschwiegen
und Vögeln nachgeschaut, wie sie dort fliegen.

Dass flache Steine übers Wasser tanzen,
wenn man sie richtig wirft, und welche Pflanzen
man essen kann, hast du mir beigebracht,
und wie man mit 'nem Grashalm Töne macht.

»Wenn du dich dort an mich erinnerst,
                        wirst du spüren,
ich bin bei dir. Du kannst mich nicht berühren«,
hast du gesagt, »und dennoch bin ich nah.
Solang du an mich denkst, bin ich noch da.«

Jetzt bist du tot, und ich geh zu den Buchen
beim Weiher dort im Park, um dich zu suchen.
Ich denk an dich so fest, wie ich nur kann,
und fange trotzdem gleich zu weinen an.

Du fehlst mir so! Es gibt so viele Sachen,
die ich erzählen will, so viel zum Lachen,
was niemand außer dir so recht versteht –
kannst du dir denken, wie es mir jetzt geht?

Du hast so gut begriffen, was ich meinte.
Du hast mich so getröstet, wenn ich weinte,
und dann hast du gesagt: »Jetzt aber Schluss!
Weil jeder Kummer auch mal enden muss.«

Ja, du hast Recht – jetzt spür ich, dass du nah bist.
Nicht so, wie wenn jemand tatsächlich da ist,
nicht wirklich. Aber trotzdem ist es wahr –
ich denk an dich und du bist da!

Irmela Brender, 1935 in Mannheim geboren, ist freie Übersetzerin und schreibt Bücher für Kinder und Erwachsene. Sie wurde u.a. mit dem Stuttgarter Literaturpreis, dem Publizistenpreis des Deutschen Bibliotheksverbandes und der Wieland-Medaille der Stadt Biberach ausgezeichnet. Mit WAR MAL EIN LAMA IN ALABAMA wurde sie für den Deutschen Jugendliteraturpreis nominiert. Für Oetinger hat sie auch Romane von Hilary McKay und Joan Aiken übersetzt.

Verena Ballhaus, 1951 in Franken geboren, studierte an der Akademie der Bildenden Künste in München, arbeitete als Bühnenbildnerin und entwarf Kindertheaterplakate. Seit 1985 illustriert sie Bilder- und Kinderbücher. Sie wurde u.a. von der Stiftung Buchkunst und mit dem Deutschen Jugendliteraturpreis ausgezeichnet. Für Oetinger hat sie auch den Titel IN EINEM TIEFEN, DUNKLEN WALD (Text: Paul Maar) illustriert.